Recettes de nos grand-mères

à Mireille, l'inspiratrice.

« La bonne cuisine est honnête, sincère et simple. »

Brillat-Savarin

les carrés découverte

Éditions DEBAISIEUX

AU MENU DE CE PETIT LIVRE

Les petits pains aux fruits secs… de grand-père .... p. 6

Les soupes .... p. 8

Les entrées froides et chaudes .... p. 14

Les poissons .... p. 22

Viandes et assortiments de légumes .... p. 26

Les desserts .... p. 48

Le vin chaud… du Petit Chaperon rouge ... p. 60

C'est Mamie qui m'a donné la recette !

Recettes de grand-mères... À elle seule, la formule réchauffe le cœur. Les souvenirs affluent et c'est comme si de doux fumets venaient caresser les narines. Pour que les papilles soient aussi à la fête, ces pages rassemblent les plats mijotés, les recettes intemporelles, les bonnes tartes, les plus belles salades et les spécialités régionales qui raviront toute la famille.

Une gastronomie qui fait appel aux produits de la ferme, ou tout comme, et qui ne coûte guère plus que la peine qu'on se donne, car on ne jette rien et l'on accommode tout. Des plats longuement mitonnés ou d'une simplicité oubliée, pour des assiettes du quotidien comme pour les jours de liesse ou les soirées de retrouvailles entre amis.

D'une recette à l'autre, on se rend compte que nos régions ont su emprunter le meilleur des pays d'oc et des pays d'oïl. Autrement dit, ces recettes illustrent une culture culinaire qui va du cochon gaulois à l'agneau méditerranéen, tout en faisant participer de belle manière les produits issus du terroir, comme les fromages de nos montagnes.

Les pommes permettaient de réaliser compotes, pompes, clafoutis, croustades et autres tartes encore au goût du jour.

Pour nos grand-mères, cuisinières hors pair, tout commençait au jardin, où elles exerçaient aussi leur savoir-faire, en passant par le poulailler qui alimentait la maison en œufs frais.

Les petits pains aux fruits secs... de grand-père

Ah, les petits pains de grand-père ! Avec Mamie, on en a l'eau à la bouche rien qu'à le voir préparer ces gourmandises. Et que dire de l'odeur inimitable qui chatouille les narines quand il les sort du four ?

Préparation : 45 min, plus 2 h 00 pour laisser reposer la pâte
Cuisson : 15 à 18 min

Pour 17 pains de 100 g ou 5 pains de 300 g :
500 g de farine de blé, 500 g de farine de seigle, 20 g de levure de boulanger, 700 g d'eau, 16 g de sel ; *pour les fruits secs*, raisins, figues et abricots coupés en lanières.

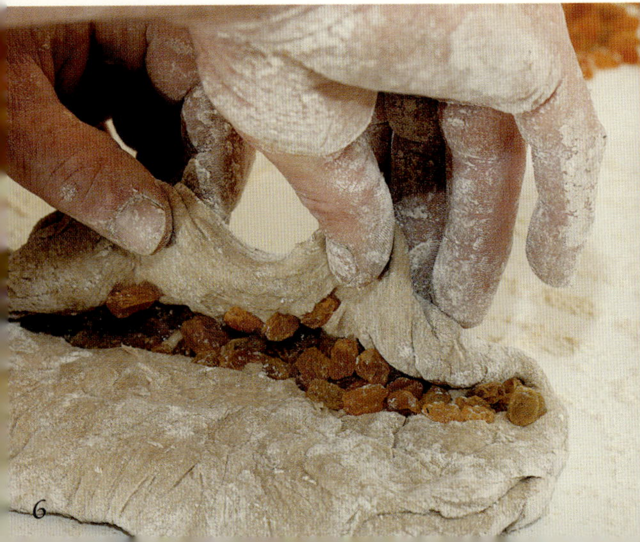

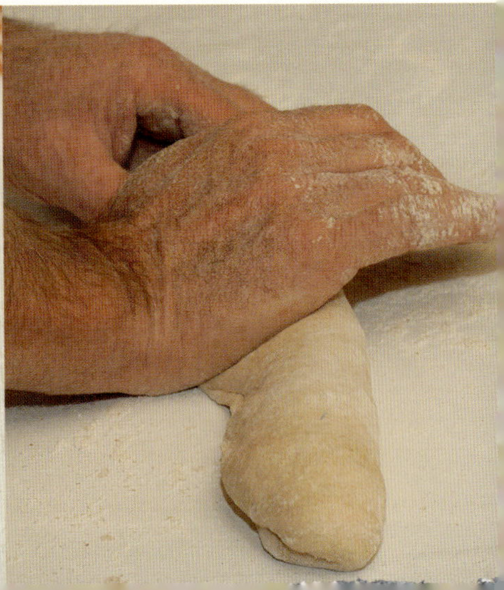

Pétrir pendant quelques minutes le mélange de farine, levure et eau (24 - 25 °C), puis incorporer le sel. Suivant la texture de la pâte, rajouter de la farine ou un peu d'eau. Pétrir encore 10 à 12 min jusqu'à ce que la pâte devienne lisse.

Fariner légèrement et laisser reposer 1 h 00 à 20 - 22 °C.

Détailler en pâtons de 100 g, les aplatir légèrement, déposer une rangée de raisins secs et replier la pâte. Déposer ensuite une rangée de lanières de figues, refermer de nouveau et faire de même avec les abricots. Rouler les pâtons sous les mains. Les laisser reposer 1 h 00 à 20 - 22 °C sur un torchon fariné, en évitant qu'ils ne se touchent. Préchauffer le four à 240 °C.

Inciser la pâte en surface, enfourner les pains, et laisser cuire 15 à 18 min.

Faire chabrot

Faire chabrot, c'est, après avoir dégusté la soupe, en laisser un peu au fond de l'assiette et rajouter un verre de vin rouge avant de boire le tout directement à l'assiette. Lointaine coutume dont le nom, occitan, viendrait de l'espagnol champurrar, *qui signifie mélanger un liquide avec un autre.*

Soupe au chou

Préparation : 20 min
Cuisson : 1 h 00

Pour 4 personnes : 1 chou vert pommé, 1 oignon, 4 carottes, 1 chou-rave, 4 saucisses, 4 tranches de pain bis.

Mettre tous les ingrédients dans un grand faitout, recouvrir d'eau et laisser cuire pendant 1 h 00. Dans une soupière, couper les tranches de pain, les couvrir du bouillon et de quelques légumes. Servir les légumes restants accompagnés des saucisses.

Pour varier les plaisirs

On peut remplacer les saucisses par un talon de jambon cru ou une tranche de ventrèche (lard maigre) et ajouter poireaux et pommes de terre...

De mémoire de castagnaïre

Ramasser les châtaignes, avant les machines, était très pénible. « En fin de saison, la pointe des doigts est insensible, mais on ne dort pas tellement ça lance. Par temps sec, les bogues mordent encore plus et quand une bien pleine vous tombe sur le dos, vous en avez pour une semaine à vous gratter. »

Soupe de châtaignes aux cèpes

Préparation : 10 min
Cuisson : 45 min

Pour 6 personnes : 600 g de châtaignes blanchies, 150 g de poitrine de porc, 75 cl de lait, 75 cl de crème, 600 g de cèpes, 1 noix de beurre, sel.

Dans un faitout, faire revenir la viande coupée en dés. Ajouter les châtaignes, les faire dorer, verser le lait et la crème, couvrir et cuire à feu doux. Passer au chinois et réserver quelques châtaignes. Faire blondir à la poêle les cèpes émincés, les placer au fond des assiettes avec des châtaignes et verser la soupe chaude.

Pour varier les plaisirs

Cuire à l'eau les châtaignes avec 1 carotte, 1 poireau, 1 oignon, 1 brin de céleri, 1 gousse d'ail. Passer à la moulinette et ajouter de la crème fraîche. Assaisonner.

Une soupière nature

Bien mieux que les découpages façon Halloween que d'aucuns voudraient importer chez nous, le potiron de la recette peut devenir une magnifique soupière nature. D'autres recettes, comme le potiron en soupière, une sorte de gratin, permettent d'utiliser le légume comme un récipient à mettre au four.

Velouté au potiron

Préparation : 30 min
Cuisson : 1 h 00

Pour 8 personnes : 1 kg de potiron, 8 pommes de terre, 2 poireaux, 250 g de pain rassis, ½ l de crème fraîche.

Faire suer les poireaux coupés finement. Ajouter le potiron coupé en gros cubes, les pommes de terre, le pain et l'eau. Laisser cuire 1 h 00. Passer au moulin grille fine. Ajouter la crème et le liquide nécessaire pour obtenir un velouté. Saler, poivrer et servir avec des croûtons de pain.

Pour varier les plaisirs

Faire cuire à l'eau bouillante le potiron coupé en morceaux. Le passer à la moulinette et ajouter du lait pour obtenir une crème. Assaisonner avec 1 cuill. de sucre et 1 pincée de sel.

À l'huile de noix

Pour la vinaigrette de vos salades, essayez le parfum puissant de l'huile de noix, qui était traditionnellement utilisée dans nos régions. Une façon de faire revivre le temps où les champs étaient bordés de grands noyers et où l'on écalait les noix l'hiver avant de les porter au moulin du coin.

Coustillou en salade

Préparation : 15 min
Cuisson : 1 h 00

Pour 4 personnes : 1,5 kg de côte flottante de porc, 1 salade frisée, 2 tomates, vinaigrette, sel, poivre, thym.

Couper les côtes et les mettre sur une plaque à rôtir. Saler, poivrer et parsemer de thym. Cuire au four à 140 °C pendant 1 h 00. Égoutter et mettre au frais. Assaisonner la salade et les tomates avec la vinaigrette, retirer la viande des côtes et l'éparpiller généreusement sur la salade.

Des pissenlits aux lardons pour varier les plaisirs

Faire colorer à la poêle des lardons coupés en dés, des croûtons de pain frottés à l'ail, et en garnir une salade de pissenlits.

Cous farcis ou confits ?

Carcasse, cous, foie gras, cuisses, tout est bon dans le canard, comme en témoigne la présence de ces différents morceaux dans la préparation des cous farcis. Autre spécialité périgourdine, les confits ont été adaptés aux traditions du Limousin, avec l'enchaud, porc confit dans de la graisse d'oie.

Salade de cous farcis de canard

Préparation : 10 min
Cuisson : 3 à 4 min

Pour 4 personnes : mesclun de salade, 2 tomates, 4 œufs durs, 1 magret de canard fumé, 1 cou de canard farci au foie gras, sauce à convenance.

Tailler le cou en tranches de 5 mm d'épaisseur et le passer quelques minutes au four à 200 °C. Dresser la salade, les tomates et les œufs en quartiers, le magret et le cou en tranches, et déguster chaud.

Casse-croûte ou entrée

Une peau de cou de canard est remplie d'un mélange de viande de porc hachée, de pain, de lait et d'œuf, anobli de foie gras et de truffe.
Conservée dans la graisse de canard, cette préparation constitue aussi un savoureux casse-croûte ou une entrée froide.

Après les Pâques

À l'origine, la pascade, maintenant typique de l'Aveyron tout au long de l'année, ne se mangeait que juste après les Pâques. D'autres préparations du Massif central étaient réservées à cette période, comme les pagnotes en Forez ou, en Auvergne, les fougasses et les cornards, gâteau des rois affublé de cornes.

Farinettes et pascades

Préparation et cuisson : de 30 min à 1 h 00

Farinettes pour 8 personnes : 4 œufs, 170 g de farine, ½ sachet de levure, 85 g de beurre fondu, 135 g de crème, 1 petit verre d'eau, fines herbes, 1 échalote, sel.

Dans un saladier, mélanger tous les ingrédients et faire des crêpes épaisses.

Pascades au jambon pour 8 personnes : 400 g de farine, 3 œufs, 75 cl de lait, 25 cl de crème, 1 sachet de levure, 2 tranches épaisses de jambon cru, sel, poivre, huile.

Faire cuire pendant 5 min le jambon coupé en cubes et le réserver. Mélanger la farine, la levure et les œufs. Rajouter le lait et la crème, battre au fouet, incorporer le jambon et assaisonner. Faire des crêpes de 1 cm d'épaisseur.

Servir farinettes et pascades avec une salade verte.

Les tartouffes du vendredi

Ce pâté aux tartouffes de jadis était un plat du pauvre servi le vendredi pour se conformer aux prescriptions religieuses quand on ne pouvait acheter du poisson. Comme le rappelle souvent la confrérie qui lui est dédiée, ce plat ne doit jamais contenir de lardons, d'oignon, d'échalote ou de persil.

Pâté aux pommes de terre

Préparation : 1 h 30
Cuisson : 45 min

Pour 4 personnes : *pour la pâte*, 250 g de farine, 5 g de sel, 50 g de saindoux, 100 g de beurre, 1 œuf, 5 cl d'eau ; *pour la garniture*, 400 g de pommes de terre, 20 g de beurre, 1 œuf, sel et poivre, 200 g de crème épaisse.

Pétrir la farine et le sel, le saindoux, le beurre, l'œuf et l'eau. Garder la pâte au frais pendant 1 h 00, puis l'étaler en 2 cercles égaux. Poser sur l'un les pommes de terre épluchées et coupées en fines rondelles, saler, poivrer, parsemer de beurre et recouvrir du second cercle de pâte. Souder les bords et dorer à l'œuf battu. Percer une cheminée au centre et enfourner à 180 °C.
En fin de cuisson, découper un couvercle pour verser la crème sur les pommes de terre. Servir chaud.

Et le saumon ?

Le saumon, l'autre poisson roi de l'Auvergne, semble aujourd'hui menacé malgré les efforts faits pour éliminer les obstacles à sa remontée de l'Allier. Autrefois, sa pêche était si fructueuse que certains contrats d'ouvriers notifiaient qu'on ne devait pas leur en servir plus de deux fois par semaine !

Truites aux lardons

Préparation : 15 min
Cuisson : 15 min

Pour 6 personnes : 6 truites, farine, 50 g de lardons, vinaigre de vin, beurre, ail, persil, sel suivant le goût.

Vider, laver et essuyer les truites. Les passer dans la farine. Mettre les truites à la poêle avec les lardons. Les cuire des deux côtés jusqu'à ce qu'elles soient bien dorées. Déglacer avec un peu de vinaigre, ajouter l'ail haché et présenter avec le persil ciselé.

Des amandes pour varier les plaisirs

Faire dorer les truites à la poêle, puis les passer au four 10 min, recouvertes d'amandes et arrosées de beurre fondu. En fin de cuisson, ajouter ail haché, jus de viande et de citron, persil haché. Laisser réduire 1 min.

Séchée, salée... pochée !

Jadis, le poisson de mer ne parvenait qu'en ville. À la campagne, on prenait donc à l'épicerie de la morue séchée, qui était bien meilleur marché qu'aujourd'hui. Non pas le vendredi, mais l'avant-veille, car vingt-quatre ou trente-six heures de dessalage dans plusieurs eaux ne sont souvent pas de trop pour qu'elle devienne mangeable.

Morue aux pommes de terre

Préparation : 30 min, commencer la veille
Cuisson : 1 h 15

Pour 5 personnes : 600 g de morue salée et séchée avec sa peau, 500 g de pommes de terre cuites dans leur peau, 150 g d'ail haché, persil, crème.

La veille, faire dessaler la morue dans de l'eau froide ; changer plusieurs fois l'eau. La cuire dans une eau frémissante jusqu'à ce que les arêtes se détachent. La détailler, tiède, en petits morceaux. Éplucher les pommes de terre et les couper en rondelles. Dans une cocotte, mettre une couche de pommes de terre, une couche de morue, avec ail et persil hachés. Recouvrir le tout de crème fleurette. Passer au four à 240 °C environ 25 min. Dès que le dessus est bien doré, beurrer et servir chaud.

La fête de la Grenouille

La grenouille, considérée comme du poisson et non de la viande, était jadis servie lors de la Semaine sainte. Une tradition reprise à Saugues en 1973, année depuis laquelle la fameuse procession des Pénitents blancs se double d'une fête de la Grenouille où les restaurateurs assurent deux services.

Cuisses de grenouilles à l'ancienne

Préparation : 10 min
Cuisson : 10 min

Pour 2 personnes : 15 à 20 pièces de cuisses de grenouilles, 50 g de beurre, 100 g de farine, 3 gousses d'ail, 1 petit bouquet de persil, ½ citron, sel et poivre

Bien sécher les cuisses de grenouilles. Les passer dans la farine, puis les disposer dans la poêle chaude préalablement beurrée. Cuire 5 min à feu vif de chaque côté, saler et poivrer. En fin de cuisson, ajouter l'ail et le persil hachés et arroser du jus de citron. Servir chaud.

Pour varier les plaisirs, les cuisses de grenouilles panées

Faire sauter au beurre les cuisses de grenouilles salées et poivrées, enrobées de chapelure, persil et ail hachés. Servir avec beurre moussant et citron.

Une charcuterie très ancienne

Le boudin, un boyau garni d'une concoction, est considéré comme l'une des charcuteries les plus anciennes. En France comme partout ailleurs, il existe deux sortes de boudin : le boudin noir au sang de porc, d'origine antique, et le boudin blanc créé au Moyen Âge, tous deux déclinés à l'infini.

Boudin aux pommes

Préparation : 10 min
Cuisson : 10 min

Pour 4 personnes : 8 portions de boudin, 4 pommes, 50 g de lard gras, 50 g de beurre.

Faire fondre à la poêle le lard coupé en dés, y mettre à cuire le boudin jusqu'à ce qu'il soit légèrement grillé. Le réserver au chaud. Faire sauter au beurre les pommes émincées. Les servir avec le boudin lorsqu'elles sont fondues et dorées.

Pour varier les plaisirs

On peut aussi faire cuire au four (10 min environ) les portions de boudin préalablement pelées.
Dans le Sud-Ouest, le boudin « galabart » est poêlé au beurre, avec du sucre et des pommes en tranches, puis flambé au rhum ou au calvados.

Des origines lointaines

La sauce Duchambais est une spécialité bourbonnaise qui peut accompagner tous les rôtis, bœuf, veau, porc, lapin, canard, lièvre ou chevreuil. Elle tirerait son nom de celui d'un gentilhomme bourbonnais, lui-même tenant la recette de soldats autrichiens qui bivouaquèrent un temps chez lui en 1815.

Canette à la Duchambais

Préparation : 30 min
Cuisson : 45 min

Pour 4 personnes : 1 canette de 1,5 kg, échalotes, ail, bouquet garni ; *pour la sauce,* 10 cl de vinaigre, fond de volaille, 25 cl de crème fraîche, 50 g de beurre ; *pour l'accompagnement,* 250 g de pommes de terre, 250 g de girolles, 2 tomates, persil, ciboulette, moutarde, huile, sel et poivre.

Dans une cocotte, faire cuire à l'huile la canette assaisonnée et découpée, avec échalotes, ail et bouquet garni. La réserver, déglacer au vinaigre et fond de volaille. Réduire, crémer, réduire encore. Passer, puis incorporer le beurre au fouet. Servir la canette nappée de sauce et accompagnée des pommes de terre, girolles et tomates coupées, cuites au beurre et persillées, ciboulette ciselée et moutarde.

MOUTARDE
DE
CHARROUX
Dépt. de

Et la sanguette ?

Le plat présenté ici est un cousin de la poule au pot d'Henri IV. Rien ne se perdait alors, et quand on égorgeait la poule, on recueillait le sang dans une écuelle contenant un hachis d'ail et de persil mouillé de vinaigre. Versé dans une poêle, ce mélange faisait la sanguette, autre recette toujours emblématique.

Poularde à la crème

Préparation : 30 min
Cuisson : 2 h 30

Pour 8 personnes : 1 poularde de 1,4 kg, 1 branche de céleri, 4 carottes, 2 poireaux, 1 oignon piqué de clous de girofle, 300 g de riz ; *pour la sauce*, 60 g de farine, 60 g de beurre, 1 l de bouillon de volaille, 250 g de crème, sel et poivre.

Cuire la poularde dans le bouillon avec légumes et aromates, jusqu'à ce que les cuisses se détachent. Faire un roux avec la farine et le beurre, puis incorporer le bouillon en tournant ; la sauce épaissit, ajouter la crème, saler et poivrer. Napper la poularde de sauce et servir avec le riz.

Un reste de bouillon de volaille ?

Faites-en une soupe avec 1 oignon émincé et quelques trempes de pain.

Le retour des pois. Chiche !

Les pois de pays sont ces pois blonds qui, à l'image de la lentille blonde de la Planèze (celle de Saint-Flour), ont récemment retrouvé un peu de leur notoriété passée grâce à des agriculteurs attachés aux traditions – culture bio et triage manuel – et à des chefs qui jouent le jeu. Le succès populaire est assuré !

Pieds de porc aux pois de pays

Préparation : 30 min
Cuisson : 2 h 00

Pour 4 personnes : 500 g de pois de pays, 4 pieds de porc, 1 petit morceau de jambonneau, 1 oignon, 2 clous de girofle, thym, laurier, carotte, sel et poivre.

La veille, faire tremper les pois dans de l'eau froide. Mettre à bouillir 30 min les pieds de porc et le jambonneau. Les disposer dans une cocotte avec les pois, les aromates, le sel et le poivre. Recouvrir d'eau et mettre à couvert 2 h 00 au four à 200 °C.

Des pieds de porc panés pour varier les plaisirs

Désosser, hacher et mouler les pieds de porcs cuits à l'eau. Paner les morceaux, les colorer à la poêle, puis enfourner 15 min. Servir avec une sauce au vin rouge.

La fête du cochon

Dans nos contrées, la tradition de la tuée du cochon (on dit aussi la tuade, la tuaille, la tuerie ou la mangoune) est encore bien vivante à travers des fêtes hivernales comme la Mangona de Laroquebrou dans le Cantal ou la Saint-Cochon de Besse dans le massif du Sancy. De grands moments de convivialité !

Potée et petit salé

Préparation : 20 min
Cuisson : 2 h 00

Pour 8 personnes : 1 kg de poitrine demi-sel, 1 jambonneau demi-sel, 8 saucisses, 1 chou, 8 carottes, 8 pommes de terre, 4 choux-raves, 1 oignon.

Dans un faitout, mettre poitrine, jambonneau, saucisses, recouvrir d'eau et faire bouillir 1 h 00. Renouveler l'eau, puis ajouter les légumes et laisser cuire 1 h 00 encore. Égoutter l'ensemble et servir chaud.

Le petit salé aux lentilles pour varier les plaisirs

Mettre le petit salé à tremper la veille et le cuire comme ci-dessus. Égoutter les lentilles à la 1re ébullition. Dans un faitout, faire revenir 2 carottes et 1 oignon coupés en dés, ajouter lentilles, viande, ail, poivre, et couvrir d'eau froide. Cuire 30 min à partir de l'ébullition.

Champignons de saison

La cuisine du Limousin, « sans beurre et sans reproche » selon Curnonski, traduit l'adaptation à un terroir plutôt pauvre. Cette région, l'une des plus boisées de France, fait ainsi la part belle aux cèpes, aux girolles, aux trompettes-de-la-mort, aux oronges, aux pieds-de-mouton et autres morilles.

Déroulé de veau aux cèpes

Préparation : 30 min
Cuisson : 15 min

Pour 4 personnes : 4 escalopes de veau dans la noix ou la sous-noix, 150 g de cèpes, 150 g de noix, 4 jaunes d'œufs, 1 crépine de porc, 1 échalote, persil, sel et poivre.

Aplatir les escalopes en les tapant avec le plat d'un gros couteau pour les rendre longues et fines.

Préparer une farce composée des noix concassées et dorées au gril, des cèpes émincés en lamelles et sautés au beurre, des jaunes d'œufs, du persil et de l'échalote hachés. Tartiner les escalopes de ce mélange refroidi. Rouler et plier chacune d'elles dans une crépine. Dorer à la poêle et laisser cuire 15 min.

Servir avec quelques lamelles de cèpes passées à la poêle en garniture.

Un plat de fête

Ce plat festif n'est pas du tout salé, contrairement à ce que l'on pourrait penser. Dès le début de la cuisson, la pâte durcit pour former une croûte, isolée de la chair par une mince couche de vapeur. Arômes et saveurs demeurent ainsi en totalité, le sel contribuant de plus à dégraisser la viande.

Gigot d'agneau en croûte de sel

Préparation : 3 h 00
Cuisson : 1 h 00

Pour 8 personnes : 1 gigot d'agneau de 2 à 2,5 kg, bruyère en fleurs, sel et poivre, huile, beurre, 1 cuill. à café de chicorée, 1 verre de vin blanc ; *pour la pâte à sel*, 1 kg de farine, 1 kg de sel fin, 6 œufs, 25 cl d'eau.

Préparer la pâte à sel 3 h 00 à l'avance, laisser au frais. Parer et assaisonner le gigot, le faire dorer, puis le cuire 15 min à four chaud. Laisser refroidir. Étaler la pâte assez épaisse, en enrouler le gigot, parsemé de fleurs de bruyère, dorer à l'œuf. Enfourner à 180 °C durant 50 min pour une cuisson rosée. Déglacer le fond de cuisson avec le vin blanc, l'eau et la chicorée, faire bouillir et monter au beurre.

Présenter avec la croûte cassée sur le bas du gigot.

Un bas morceau

La joue de bœuf est un bas morceau peu utilisé et pourtant exquis. La recette la plus connue est la daube, d'origine provençale, mais ce morceau moelleux est cuisiné un peu partout régionalement, braisé, en carbonnade, en cocotte, en pot-au-feu, en estouffade, en civet, en sauté ou en terrine.

Daube de joues de bœuf

Préparation : la veille, 30 min
Cuisson : 2 h 30

Pour 6 personnes : 1 kg de joues de bœuf dénervées, graisse de canard, 1 oignon, 1 carotte, bouquet garni, 1 grosse cuill. de farine, sel, poivre, 1,5 l de vin rouge.

Dans une cocotte, mettre la graisse et les joues coupées en gros dés. Laisser chanter à feu modéré, en remuant. Quand la viande est dorée, ajouter oignon et carotte émincés, bouquet garni, sel, poivre et farine. Mouiller avec le vin. Laisser mijoter 2 h 30. Servir avec des pommes vapeur. Réchauffé, c'est encore meilleur !

Pour varier les plaisirs

On peut faire mitonner 500 g de collier et 500 g de queue de bœuf avec des lardons fumés.

Du fromage, des pommes de terre

Marier le fromage fabriqué sur place à des pommes de terre, c'est une formule que l'on retrouve à peu près dans toutes les montagnes où, par ailleurs, les plats roboratifs sont les bienvenus. Ainsi en est-il, en Savoie, des tartiflettes et des raclettes, comme en Suisse des diverses recettes de rösti.

Truffade et aligot

Préparation : 30 min
Cuisson : 1 h 15 (truffade) et 30 min (aligot)

Truffade pour 5 personnes : 1 kg de pommes de terre, quelques lardons, 450 g de tome de cantal fraîche, ayant séjourné 3 jours au froid.

Émincer les pommes de terre, les faire cuire 1 h 00 à l'étouffée avec les lardons. Recouvrir de la tome coupée en dés. Laisser cuire 15 min en remuant jusqu'à ce que le mélange file.

Aligot pour 4 personnes : 1,2 kg de pommes de terre, 400 g de tome fraîche, 200 g de crème fraîche, sel, poivre, ail.

Faire une purée bien chaude, ailler, incorporer la tome, mélanger en soulevant pour aérer. L'aligot est prêt quand il file en rubans lisses et fins.

Le chou, bon à tout !

Avec la pomme de terre, le chou est le légume passe-partout. On le fait mijoter avec de la farce pour faire le chou farci ou on le mitonne pour faire la délicieuse saucisse au chou ; sans compter la soupe et la potée. Le chou servait même en cataplasme pour les articulations et les maux de ventre !

Chou farci

Préparation : 30 min
Cuisson : 3 h 00

Pour 4 personnes : 1 chou vert, 200 g de persil plat, 200 g de feuilles de blette, 2,7 kg de viande cuite en pot-au-feu, 100 g de ventrèche fumée, sel, poivre.

Blanchir le chou à l'eau salée. Hacher le persil, les feuilles de blette, la viande, et assaisonner. Disposer les feuilles de choux dans une terrine en les laissant dépasser sur le côté. Mettre une couche de farce puis des feuilles de choux et à nouveau de la farce. Rabattre les feuilles pour refermer la terrine.
Disposer dessus les tranches de ventrèche. Cuire au bain-marie dans un four à 100 °C pendant 3 h 00.

Jour de Mardi gras

Les bugnes sont une spécialité de Savoie, venue de la Rome antique, qui a fini par s'étendre jusqu'au centre de la France. Les bugnes se faisaient traditionnellement juste avant le Mardi gras, afin de ne pas gâcher les huiles de cuisson, matières grasses dont l'usage était interdit pendant le carême.

Bugnes ou guenilles

Préparation : 25 min
Cuisson : 30 min

Pour 40 bugnes : 900 g de farine, 1 paquet de levure, 9 œufs, ½ cuill. de sel, 120 g de sucre, ½ l de lait, 1 cuill. d'eau de fleur d'oranger, 200 g de beurre, huile, sucre glace.

Dans un saladier, mélanger la farine et la levure, puis les œufs, le sel et le sucre. Pétrir en ajoutant le lait parfumé, puis le beurre par morceaux. Laisser reposer 2 h 00. Étaler la pâte finement et la découper à la roulette en formes variées. Dans une poêle, faire frire les bugnes pendant 2 à 3 min, dans l'huile chaude non fumante, en évitant qu'elles ne se touchent. Les retourner à la spatule, les retirer à l'écumoire et les mettre sur un torchon.
Saupoudrer de sucre glace ou en poudre.

Avec d'autres fruits

Le clafoutis est aussi appelé milliard ou millard, surtout en Auvergne et en Limousin, sa région d'origine.
La saison des cerises passée, on confectionne un dessert similaire avec d'autres fruits, avant tout la pomme, mais aussi l'abricot, la prune, la poire, voire la pêche ; il porte alors le nom de flognarde.

Clafoutis ou millard

Préparation : 15 min
Cuisson : 30 min

Pour 8 personnes : 1 kg de cerises noires, 110 g de sucre, 90 g de farine, 1 pincée de sel, 5 œufs, ½ l de lait, 50 g de beurre.

Beurrer très largement une tourtière. Laver et équeuter les cerises sans les dénoyauter. Mélanger la farine, le sucre, le sel et les œufs entiers, puis le lait. Verser dans la tourtière sur les cerises. Faire cuire à 200 °C pendant 10 min, puis à 180 °C pendant 20 min. Saupoudrer d'un peu de sucre à la sortie du four.

Surtout, ne dénoyautez pas les cerises !

Elles gardent ainsi toute leur saveur et leur jus ne détrempe pas la pâte au cours de la cuisson.

Dans le monde entier

Voilà un plat qui est connu dans toute la France : c'est par exemple le pain ferré chez les ch'tis, et le boued laezh en Basse Bretagne. En fait, le monde entier le connaît : au Canada, c'est le pain doré, au Portugal, ce sont les rabanadas de Noël, en Espagne, la torrija, en Suisse, la croûte dorée...

Pain perdu de Janine

Préparation : 10 à 15 min
Cuisson : 15 min

Pour 4 personnes : 25 cl de lait, 100 g de sucre, 1 sachet de sucre vanillé, 5 œufs, 250 g de beurre, 12 tranches de pain rassis, sucre, confiture ou coulis.

Faire tiédir le lait avec le sucre et le sucre vanillé. Faire fondre doucement le beurre dans une casserole. Tremper le pain dans le lait sucré, puis dans les œufs battus. Mettre une cuillère de beurre fondu dans la poêle. Lorsqu'il est juste chaud, faire frire les tranches de pain des 2 côtés, pas plus de 4 min. Poser sur un torchon. Servir chaud avec sucre, coulis ou confiture.

Au goût d'hier ou d'aujourd'hui

Pour un pain perdu plus raffiné, utiliser pain de mie ou brioche. Mais pour celui de grand-mère, rien ne vaut le pain rassis !

Et les noisettes ?

Une variante de ce dessert aux noix est le fameux gâteau creusois aux noisettes dont la recette proviendrait d'un vieux parchemin retrouvé en 1969 dans un ancien monastère. Gardée secrète, cette recette a assuré le succès du « Creusois », rapidement devenu emblématique de cette région du Limousin.

Gâteau aux noix

Préparation : 1 h 30
Cuisson : 45 min

Pour 6 personnes : 250 g de farine de froment, 250 g de sucre, 1 pincée de sel et de levure, 250 g de beurre, 100 g de cerneaux de noix, 5 cl d'eau de noix, 5 œufs, 5 cl de lait.

Dans un saladier, mélanger la farine, le sucre, le sel, le beurre en pommade, les noix hachées, l'eau de noix, les œufs et la levure fondue dans le lait tiédi. Verser dans un moule beurré et fariné. Laisser lever 1 h 00, puis cuire au four à 150 °C. Servir tiède avec une crème anglaise.

Variante aveyronnaise

Faire un caramel blond, y jeter des cerneaux de noix et casser la cuisson avec de la crème liquide. En garnir une pâte sablée que l'on referme sur elle-même. Dorer à l'œuf et passer au four 20 min.

Un fruit de santé

La myrtille a des vertus antiseptiques, désinfectantes et diurétiques qui limitent les risques de cancers et de maladies cardio-vasculaires. Riche en provitamines A, elle est surtout souveraine contre les affections des yeux, ce qui est à l'origine de l'essor d'un grand laboratoire pharmaceutique auvergnat.

Tarte aux myrtilles

Préparation : 25 min
Cuisson : 30 min

Pour 6 personnes : *pour la pâte sablée*, 250 g de farine, 125 g de beurre, 125 g de sucre, 1 œuf, eau, levure, 1 pincée de sel ;
pour la crème et la garniture, 300 g de myrtilles, 50 g de sucre, 50 g de poudre d'amande, 50 g de farine, 50 g de beurre, 1 œuf.

Pour la pâte, travailler la farine et le beurre jusqu'à l'obtention d'un mélange « sableux », puis incorporer l'oeuf et le sucre blanchis. Rectifier la consistance avec de l'eau et étaler la pâte dans une tourtière. La recouvrir d'une crème faite avec le sucre, l'œuf, la farine, le beurre et la poudre d'amande. Ajouter les myrtilles et enfourner à 180 °C.

Tout un plat !

La coupétade est un dessert lozérien qui doit son nom au plat en terre, le coupet, dans lequel on le faisait traditionnellement cuire. À l'origine, pour ne rien perdre, dans un pays où l'on vivait chichement, ce dessert permettait d'utiliser les restes de pain sec. Enrichie de maintes façons, la coupétade est devenue un plat de fête.

Coupétade

Préparation : 10 min
Cuisson : 40 min

Pour 4 personnes : 20 tranches fines de pain blanc, 50 g de pruneaux, 50 g de raisins secs, 2 œufs, 75 g de sucre, 10 cl de lait, une noix de beurre, coulis de fruits.

Beurrer un moule assez profond allant au four. Placer au fond une couche de pain en tranches, puis une couche de pruneaux dénoyautés et de raisins secs. Recouvrir avec le reste du pain. Mélanger les œufs avec le sucre jusqu'à l'obtention d'un mélange mousseux, puis incorporer le lait chaud. Verser la préparation aux œufs dans le plat et cuire doucement au four à 150 °C.
Servir frais, avec un coulis de fruits.

Le vin chaud...
du Petit Chaperon rouge*

Les amateurs de vin chaud savent-ils que ce breuvage date de cinq siècles avant notre ère ? L'hypocras du temps jadis était en effet un mélange de vin, fortement sucré au miel, et d'épices, qui se consommait froid ou chaud. Très prisé de Rabelais et d'Henri IV, il est remis au goût du jour à l'occasion des fêtes médiévales. Le vin chaud de nos grand-mères a aussi son succès quand l'hiver prend rigueur ; stimulant, fortifiant, il réconforte les corps et les cœurs...

Préparation : la veille, 10 min
Infusion : 24 h 00

Pour 6 personnes : 1 litre de bon vin rouge, 1 zeste d'orange non traitée, 1 zeste de citron non traité, 1 cuill. à café de jus de citron, 100 g de sucre, 4 cl de crème de mûres, 2 étoiles de badiane, 1 pincée de cannelle, 1 pincée de poivre, 1 pincée de muscade.

Dans une casserole, mélanger et mettre à chauffer le vin, la crème de mûres et le sucre. Faire flamber. Ajouter les zestes de fruits, le jus de citron et les épices.
Couvrir et laisser infuser une journée, hors du feu.
Faire réchauffer la préparation au moment de servir.

** Le Petit Chaperon rouge est un restaurant.*

INDEX DES RECETTES

Aligot p. 44
Boudin aux pommes p. 28
Bugnes p. 48
Canette à la Duchambais p. 30
Chou farci p. 46
Clafoutis p. 50
Coupétade p. 58
Coustillou en salade p. 14
Daube de joues de bœuf p. 42
Déroulé de veau aux cèpes p. 38
Farinettes p. 18
Gâteau aux noix p. 54
Gigot d'agneau en croûte de sel p. 40
Grenouilles à l'ancienne p. 26
Guenilles p. 48
Millard p. 50
Morue aux pommes de terre p. 24
Pain perdu de Janine p. 52
Pascades p. 18
Pâté aux pommes de terre p. 20
Petit salé p. 36
Petits pains aux fruits secs... de grand-père p. 6
Pieds de porc aux pois de pays p. 34
Potée p. 36
Poularde à la crème p. 32
Salade de cous farcis de canard p. 16
Soupe au chou p. 8
Soupe de châtaignes aux cèpes p. 10
Tarte aux myrtilles p. 56
Truffade p. 44
Truites aux lardons p. 22
Velouté au potiron p. 12
Vin chaud... du Petit Chaperon rouge p. 60

REMERCIEMENTS

Les auteurs remercient les chefs et autres professionnels ou particuliers qui ont concocté les recettes photographiées dans ce livre et accordé un peu de leur temps au photographe.

- Famille Bastide, Chef Luis Dumont, *Hôtel-restaurant Bastide*, Nasbinals (Lozère) : p. 44
- Bernard Bessière, cuisinier en Corrèze : p. 39
- André et Éric Bouyssou, *Le Bel Horizon*, Vic-sur-Cère (Cantal) : 1re de couverture (potée, farinettes, clafoutis), p. 4 (gauche), 9, 13, 19, 25, 29, 33, 37, 45, 57
- Emmanuelle et Vincent Brouzes-Favier, chef Thierry Lardé, *Hôtel-restaurant L'Aubrac*, Laguiole (Lozère) : p. 5 haut, 47
- Frédéric Chambraud, *Relais des Tuileries*, Séreilhac (Haute-Vienne) : p. 11, 34
- Jacques Champelovier, *La Parenthèse*, Le Puy-en-Velay (Haute-Loire) : p. 36
- Hélène Chazal, *Poste et Champanne*, Brioude (Haute-Loire) : 2e de couverture
- Jean-François Combes et Claude Bergounhe, *Hôtel-restaurant La Remise*, Le Bleymard (Lozère) : p. 27, 42
- Simon et Bruno Delmas, *Hôtel-restaurant du Commerce*, Rieupeyroux (Aveyron) : p. 16
- Francis Delmas, *L'Ander*, Saint-Flour (Cantal) : p. 35, 59
- Didier Gigot, *Le Petit Bonneval*, Pérignat-les-Sarliève (Puy-de-Dôme) : p. 22, 50
- Alain Gourgues, *Le Petit Breuil*, La Courtine (Creuse) : p. 14
- Jean-Louis et Jacques Mirmand, *Hôtel-restaurant du Commerce*, La Canourgue (Lozère) : p. 23, 56
- Grand-mère Janine : p. 52, 53
- Jacky Morlon, *Le Grenier à Sel*, Montluçon (Allier) : p. 10, 20, 30, 31
- Stéphane Nougier, *Hôtel-restaurant Nougier*, Saint-Étienne-de-Fursac (Creuse) : p. 51, 64
- Martine et Bernard Picat, *Ferme de Beauregard*, Saint-Priest-sous-Aixe (Haute-Vienne) : p. 17
- Jérôme Raulhac, *Hôtel-restaurant L'eau Vive*, Espalion (Aveyron) : p. 24, 58
- Charlou Raynal, cuisinier en Limousin : p. 8, 21, 46, 55
- Claude Roger, artisan boulanger, *L'atelier du Pain*, Farges-Allichamps (Cher) : p. 6, 7
- Michel et Stéphane Sabot, *La Colombière*, Abrest (Allier) : 1re de couverture (potiron), p. 12, 32, 40
- Michel Sagne, cuisinier en Haute-Vienne : p. 43
- Nicole et Thierry Salles, *Auberge de La Grive*, Caussignac, Mas-Saint-Chély (Lozère) : p. 15, 18
- Benoît et Charles-Henri Schmidt, *Auberge de La Planquette*, Réquista (Aveyron) : p. 28
- Patrick Soulière, *Le Lion d'Or*, Aubusson (Creuse) : p. 1, 41
- Jean-Pierre Vidal, *Restaurant Vidal*, Saint-Julien-Chapteuil (Haute-Vienne) : p. 26, 49
- Danielle Vozelle, *Le Petit Chaperon rouge*, Clermont-Ferrand (Puy-de-Dôme) : p. 61

CRÉDIT PHOTOGRAPHIQUE

Francis Debaisieux pour toutes les photos, excepté celle de 4e de couverture, signée **Raymond Tournier**, qui présente Germaine Gros tirant l'aligot dans son restaurant *Chez Germaine*, Aubrac (Aveyron).

ÉQUIPE ÉDITORIALE

Cet ouvrage est le fruit d'un important travail collectif entre :
Amandine Bouquier pour la création graphique et la mise en pages
Michèle Clouvel pour la coordination éditoriale
Avec la complicité de **Sophie Veyssière**
Sous la direction de **Louis Debaisieux**

La cuisine de grand-mère, c'est un tour de main unique,
quelques secrets transmis de bouche à oreille et un bon fourneau à bois.

Certaines photos de cet ouvrage (en demi-page et plus) peuvent faire l'objet d'agrandissements de qualité, signés par le photographe.
N'hésitez pas à nous contacter en nous précisant le numéro des pages concernées.

Clerc
Société certifiée FSC
FSC
Sources mixtes

IMPRIM'VERT
Votre imprimeur agit pour l'environnement

Dépôt légal juillet 2012
ISBN 978-2-913381-64-3 réimprimé en juillet 2013
Imprimerie Clerc - Saint-Amand-Montrond - Cher (France)

6 impasse Becquerel - Z.A. de l'Artière - 63110 Beaumont
Téléphone 33 (0)4 73 27 43 00 - Fax 33 (0)4 73 26 26 12 - www.editions-debaisieux.fr